我的
煉金術之旅

貓眠 著

作者心聲：

　　出書，是為了完成讀大學時的心願，及證明自己曾經存在。而用三隻愛貓作為封面，是想大家知道：可可、豆豆、米米，亦曾經存在。

　　最後，想借此鼓勵同樣失意中的人，要相信：一切都在轉變！

目錄

序：

首先，謝謝你翻開這本書。

我可以千言萬語，但最深的感情根本無法表達。我唯有借出書的機會，衷心的感謝所有曾經幫過我的人。

出書，是為了完成讀大學時的心願，及證明自己曾經存在。而用三隻愛貓作為封面，是想大家知道：可可、豆豆、米米，亦曾經存在。

最後，想借此鼓勵同樣失意中的人，要相信：一切都在轉變！

共勉！

2024 年貓眠寫的小說
《我的煉金術之旅》
第一回

【飢餓與窮困,讓你更存在】

貧窮與飢餓,你有沒有試過?經歷過戰爭的人,見過人食人的人,已很少是人了。「你前世一定是餓死的!」家人都這樣說。也難怪,我的肚皮之下是無數動植物的亂葬崗。空肚是不可以食早餐的,所以早餐前我食,早餐與午餐之間要食,午餐與下午茶之間要食,下午茶與晚餐之間要食,晚餐與宵夜之間要食。不要問我一天要食多少餐,因為以上的只是基礎。

故事是由「食物」開始的。一隻貓,叫可可(虎紋、大眼、聲沙)本來在元朗準備被打被劏,來一個「胡椒龍虎鳳」,是我救了牠。那天,當我在樹林,修「煉金術」。忽然,聽到了可可的求救聲(動物傳心也是煉金術的一部分,可惜我靈力不足,仍未能夠與塑膠動物溝通)。我用了港產片,一個打十個的武術,又用了電視台,飛越兩座大廈的神技,成功救出了可可。可可見我又懂魔法又曉武功,就收了我做貓奴,並道出了一個驚世的秘密。

可可用爪用牙,在我的臂上畫出了一個半月半日的圖騰,說是寶藏的「鎖匙」,叫我去澳門的「爛鬼樓」尋找真相。爛鬼樓是專賣舊東西的地方,有很多古玩店、地攤等。記得讀大學時,看過馮老先生的《不是故事》就有提及。

跟何小姐(真正的美貌與智慧)買了兩張船票後,轉眼就到了馬交。為甚麼不走港珠澳大橋?因為乘船比較浪漫。一走出碼頭,可可的朋友,一隻齊陰的白貓就向我招手。我抱起了豆豆就上了黑色的士去酒店,黑色的士的確是黑色的,下車時話有寵物

要多收一百，我不懂澳門的交通法，但按照常理……不好意思，我忘了某年朱斯提提亞被邱比特射傷了雙眼之後，法律不再是法律，常理不再是常理。諸神之中，我最不喜歡的就是邱比特，老不掉，箭術差，又愛玩！而月老先生有老人癡呆症，有時錯牽紅綫，甚至紅綫大混亂，我就不怪他。

澳門的渡假村充斥住不少好賭的惡靈、恐怖的吸血鬼及被操控的雞精，但酒店的房間的確是人間仙境。相信豆豆已到「地前貓仙」的境界，不畏水，在室內的微型泳池邊游邊說，說澳門流傳多年的寶藏其實是真的，藏著的不是金銀珠寶，而是一本可以改變物質、空間與時間的煉金術專書。有一個說法，相傳當年葡萄牙王國看中澳門這個彈丸之地，並不是因為軍事或商貿考慮，而是為了得到煉金術，控制世界。幾百年來，找不到就是找不到。所以，你們千萬不要埋怨找了幾十年，仍找不到要找的人，這是正常的。找得到，是上天的恩賜，要好好珍惜。幾十年後，又要尋尋覓覓了。

豆豆說了一個夜晚，是長氣貓。現在我終於明白學生為甚麼不愛老師，而愛周公。周公已有千年道行，高超的催眠術！睡前，我只依稀記得豆豆說這本書的起源與鬼谷子有關。醒後，就餓了，要知道我是一日多餐的。我問豆豆要不要買甚麼吃的給牠，牠說在辟穀，不食魚的貓呢！

我就不理了！食物自有能量。攝取不同的能量是我修煉的基礎。酒店的自助餐，動植物的屍骸應有盡有。食物有陰有陽，我的大肚是丹爐，金木水火土在調和。能量大化後，就出發了！

爛鬼樓的行人路是石磚鋪的，很有韻味。豆豆用了隱身魔法，在我的肩膀上，以免途人奇異的眼光。沿途是筆墨難以形容的舊有味道，古玩店裡藏了很多正邪之物與故事。忽然，一隻柴犬一樣大的三色貓在一間陳舊的古董店內探頭而出，向我們示好。豆豆與我心靈相通，決定進去探個究竟。

甫進去，裡頭充滿了白蘭花的香味，播放著任白的戲寶。「年

輕人，我已經等了你不知多少年，你終於來了。」坐在輪椅上，滿頭白髮的男孩跟我說。「跟我來吧。」我不知所言，著魔似的，與豆豆、三色貓，跟了他進入內堂，內堂裡有一座人一樣高的大鐘，鐘的上方有一隻拿著扇，面目猙獰的娃娃。且慢！這座鐘彷彿似曾相識......對了！香港的故宮博物館有一件展品是一模一樣的。「沒錯！當年乾隆皇吩咐傳教士做實驗，研究出來的，內頭有機關，既是鐘，又是扇。」原來神秘的老男孩懂讀心術呢。他補充說：「而當時的傳教士其實做了兩部同款的，連乾隆皇也不知道有另一部的存在......」

故事好像愈來愈離譜。故事就是故事。有時真實亦可以很不真實，不是嗎？不舉例子了，又不是考文憑試，要有具體例子與推論才高分。在香港，有些中文老師更有趣，要求同學畫畫要心肝脾肺腎連腸也畫出來的！我就喜歡留白。如果你不懂欣賞「雪山白鳳凰」，那就不要再看下去，漫畫與電影更有畫面感！

戰國時期的鬼谷子、明代的割地、清朝的古鐘，究竟是怎樣的一回事？

老男孩說：「心無雜念向時間衝過去，就可以知道答案！」糟糕！我經常取笑喜歡看《哈利波特》的同學，衝向九又四分之三月台，就可以到達霍格華茲。那麼，你只要有勇氣和信念，奮力衝向七又二分之一月台，亦會看到好多白衣天使。正當我猶豫不決之際，可可給我的圖騰發出了刺眼的光芒。時鐘開始轉動，娃娃好像在奸笑，紙扇在上下搖擺，一切彷彿在高速閃動......

第二回

【梅林不是午餐肉，而是祝福與思念。】

　　飢餓感讓我蘇醒，我摸摸自己的臉頰與身體，仍是我。我在一片花海之中，一望無際，盡是七彩繽紛的花。我死了嗎？死了還會餓就慘了。所以，佛教和道教講的餓鬼地獄，如果真的存在，真的太殘忍了！我用靈力感受豆豆、三色貓與老男孩的存在，但一點方向也沒有。

　　一陣怡人的咖啡香氣引領我，走出了花海。花海外，是一片淺藍色的海，實在太美了。海邊有間小屋，掛牌上寫著「伊甸園」，裡頭有一位白色襯衣，牛仔褲，咬著薯片，在沖咖啡的少女。她在咖啡上拉出了一朵梅花。記得我的偶像馮老先生曾在大學寫過一首詩其中兩句：「點點紅梅花影移，東風吹破綠楊枝……」紅梅的確嬌豔，但這種美景應該配上一枝桃花才對呢。城市人大多已分不清梅花與桃花了。我祝願 梅花永遠幸福快樂，這是我與萬物通靈之後，真心的祝願。

　　我知道自己進入了意識流的世界。在香港，袋裡無錢，心頭多恨。你們不會明白一個需要一日多餐，攝取五行能量的胖子，為了理想開了間補習社，別人以為他很風光，其實經常被追債，一個月總有幾天沒有錢吃飯的痛苦。身心之痛，有誰共鳴？在公園裡，他看著乞丐吃著倪先生講的叉燒飯，紅潤多汁的叉燒、白皚皚的米飯，而自己呢？肚子裡咕嚕咕嚕地餓著。飢腸轆轆，大概就是這樣。

　　少女看出我餓了，請了我吃豬排飯飲咖啡和食雪糕。一切似曾相識。記住美好的，然而不要留戀，因為我來的目的，是要找到煉金術。畢竟我是專業的業餘作家，又豈會忘記故事的中心思想呢！小說和散文講求的是形散而神不亂！

　　和少女道別，她送了我一葉水晶小船。她讓我把小船放到海上，居然沒有沉下去。她揮動靈巧的小手，小手又白又細，像綿

花，徐徐唸出了上古的咒語，我嗅到了無法形容的花香，小船就變成了大船，透明的水晶船。我上了船，隨著時間的海洋飄遠，再見了，幸福的「伊甸園」。

在船上，我彷彿聽到指姆琴在奏著《當我想起你》......

再記起一些古老的心事
再記起心中一串開心的日子
曾在那似已遠遠的以前
共你差不多天天都相見
曾話過那天起
你已屬我永不變
過去的經已不會再出現
過去的一切只會更加遙遠

明白到各有各的去路
但我心中始終感到
能共你愛過
暖暖的讓我自豪
曾在我心如此深深愛戀中
遺下憶記在腦中
從當天起永都不可忘記
當我想......想起你
仍像昨天一般深愛著你

第三回

【現實是虛空，想像是富有。】

　　人生有幸福，亦有波濤。水晶船隨時間，自動航行到大海，我不知道甚麼時間才上岸。靠山吃山，靠海吃海。海鮮是我的最愛。沒有污染的世界，潔淨的大海，新鮮的海產。我甚至有想過每天有蝦有蟹有生蠔......就足夠了。要煉金術幹甚麼？不少人一生不是只為了住好一點，食好一點嗎？而且我在茫茫大海，天高海闊，有無限的自由。唯一欠缺的，是一兩隻可愛的小貓如可可與豆豆，及一個善解人意的女伴。

　　但命運永遠不由人選擇！遠處飄來了一堆烏雲。我企圖用煉金術，改變烏雲的方向，可惜我的修行未成大器，無法改變絲毫。

　　難道我會葬身於這個意識流的世界？很多人生前常說怕痛不怕死，但到了死前的一刻，除非你有虔誠的宗教信仰或堅定的信念，否則有誰不怕。我怕，我真的怕！我怕死後甚麼也沒有，我怕死後的世界與我認知的不同，我怕死後和生前一樣會餓！

　　剎那間，風起雲湧，雷電交加，無數的魚，躍出水面。震耳欲聾的巨響，一個雷，徹底粉碎了滿載美麗回憶的水晶船。孔子說「乘桴浮於海」，可惜我連一根樹枝也沒有。一個幾十米高的巨浪向我迎面沖來，我閉上雙眼，迎接死神。就在閉上眼的瞬間，突然有一種前所未有的平靜。甚麼貪嗔癡，甚麼財色名食睡，種種欲望，種種執著，彷彿都拋到了九霄雲外。

　　正當我一籌莫展，準備遇溺離世之際。忽然，一條巨魚將我拋起，牠化而為鳥，其翼若垂天之雲，將我載到一個山谷，山谷裡有很多小村屋。

　　「歡迎來到幻國。我是幻國國王莫凡，旁邊的是小女莫蘭。」莫凡，頭上是個盆地，濃眉，大眼，皮膚黝黑，手腳異常粗大。

莫蘭,瓜子臉,五官標緻,皮膚像豆腐花。差點忘了,莫凡持著一頂青綠色的帽子,相信是為了我這位賓客,禮貌上除下的。

「相信你已經餓了,來來來,先換套衫,再來吃午餐。」

換了一套類似中國傳統漢服之後,就跟他們來到一株大樹下吃午飯。「真奇怪!桌上空空餘也,何來午餐?」我暗忖。倏忽,我看見國王、公主、各族長,閉目祈禱,像魔術一樣,我看不及,已滿枱美食。海陸空的食物,你想到的,都在眼前。這是我聞所未聞的高超法術,希望不是《聊齋》的《種梨》,我大啖咬下一塊比臉更大的牛排,有血有肉,絕對是真的。莫非我要找的煉金術就在這裡?

我問他們剛才施的是甚麼法術,他們都笑而不答。我決定私下找一個村童問問,除了香港的小孩,大部分小朋友仍是可靠的。

他們每家每戶都有養一種在我知識範疇裡未見過的貓,有點像挪威森林貓,但又不像,身形巨大,頭和眼又大又圓,多數是橘色的,四蹄踏雪,是貓中之王。牠們無拘無束,奴才跟在牠們背後走。

「小朋友,你叫甚麼名字呢?」一位笑容可掬紮馬尾的小女孩回答說:「我是迦苡。」多漂亮的名字!「你們食飯時用的是甚麼魔法?」「魔法?」她疑惑地望著我。「吃飯時閉上眼就有食物的法術呢!」「我們一直是這樣,有問題嗎?」我細想,她是正確的,她從小就這樣吃飯,有甚麼特別呢!

你看過《魔戒》嗎?幻國,小國寡民,過的就像哈比人,無憂無慮的生活。我嘗試用動物傳心術,與當地的白兔、松鼠、河鰻……溝通。這是我第一次成功施展這種法術。很夢幻!牠們都喜歡自己的國家。幻國是多種族的國家,每種動物都各安其份,做自己喜歡的事。

迦苡的母親叫栀雨，是個絕色美人。在野火會上，她的孔雀舞，讓我心醉。據說，她的丈夫是位勇士，在迦苡一歲的時候，與入侵的惡魔阿斯莫德，同歸於盡，救了整個幻國。不知道是不是受阿斯莫德的餘念影響，我的男性荷爾蒙高漲，就像燒烤時就爆的司華力腸！一位寡婦帶著一位小女孩，是不簡單的。她一定很累，我為她按摩，由頭到頸，由頸到肩，她的呼吸亦變得急速，最後……你千萬不要胡思亂想，原來栀雨的主神是狄美奧吉，是最偉大的理性之神。人最珍貴的就是有感性有理性，這就是人禽之別。

「有得食，不食，罪大惡極！」迦苡的貓在笑我。「你識條貓毛！」有些愛還是埋藏在心底，留一點白，比較好，禽獸是不會明的，雖然有時我想做禽獸。這就是矛盾，矛盾就是愈高水平的生物愈有的心理狀況。矛盾是智慧的表現。

小時候讀陶潛的《桃花源記》，最不明白的就是：既然如此美好，為甚麼仍要離去。因為無論那裡是短暫你以為的美好或是真正的美好，那裡永遠不是你本有的家。幻國國王說會即時給我上等公民的身份，叫我永遠留在這裡，落地生根，但我的家一直在香港在澳門（澳門的媽媽嫁了香港的爸爸）。即使香港比較多魑魅魍魎，凶宅也好，也是我的家。

然而，我應何去何從。如人生，有時不知方向。我唯有向國王借了一葉小船，從流飄蕩，任意東西。船漸遠，栀雨、迦苡的身影愈來愈細，最後消失了。黯然銷魂者，惟別而已矣……

船上有很多栀雨為我準備的飯糰，食物永遠有愛的能量。你還記得親人、情人為你悉心安排的食物嗎？記述到這裡，忽然很想回家吃媽媽的薑葱炒蟹、蒜蓉蒸海蝦……

栀雨知道我一日多餐，所以悉心化出了多款口味的飯糰。兩岸景色迷人，盡是野生的櫻花，當我吃完最後一件飯糰後，就決定在一處滿佈蘆葦的地方上岸。我本想一試達摩的一葦渡江，但我的滑行技比較差，還是放棄了。

第四回

【價值的意義在於價值的無意義】

穿過一堆大約兩米高的蘆葦後，是個大平原，平原上有很多傳說中的神獸，如麒麟、獨角馬、三眼怪等。非洲的草原也遠不及這裡廣闊，神獸之多，如恆河沙數。《山海經》記述的物種，這裡均可看到。

一隻貨車一樣大的驢，讓我騎，走了五個小時，終於看到了一株超級巨大的老榕樹，老榕樹的範圍比西九文化區比珠海大學城還要大。一株老榕樹就是一片榕樹林。在這裡，我感受到一股很強大的力量。走到榕樹下，我臂上的圖騰又發出了光芒。

無數的樹葉搖落，樹根吸氣呼氣。「小伙子，原來你就是貓仙人千挑萬選的修煉者。」老榕樹說罷，樹幹中出現了一個大洞。啪的一聲，我就被吸了進去。

我被另一個空間的樹洞拋出後，回頭一看，樹已經徹底消失。這個世界，天是粉紅色的，地是一粒一粒無瑕的紅寶石，山是一座一座的翡翠。這些東西在我們的世界，可以解決貧困，但永遠只在部分人的手飾箱裡。我學煉金術發下的誓願不僅是要超脫生死，而是要世上再沒有貧窮與飢餓。

價值不是本有的，而是人給予的。

這個充滿晶石的世界，沒有太陽，亦沒有月亮，亦好像沒有時間的概念。然而我並不屬於這個世界，我仍有新陳代謝、口渴和飢餓，令我意識開始迷糊，痛苦難熬。我想把自己的手臂吃掉，現在我終於了解到為甚麼戰爭時會出現人食人的情況。

我企圖用最後的力量改變寶石的本質，將寶石變成食物，但我失敗了。煉金術，可以點石成金，改變萬物，甚至改變時間與空間。我呢？一條貓毛也易轉不了。

我想放棄了！西方的巫師、中國的方士，千年的追求，難道就憑我這個只懂些許魔法，自以為是生於陰年陰月陰日陰時的愚人，就可以修煉得到嗎？

我終於餓死了......

沒有牛頭馬面，亦沒有冤親債主，卻看到了愛因斯坦。愛因斯坦？我不是寫故事寫瘋了吧？「喝點熱湯吧。」原來孟婆是個爆炸頭的白髮老翁。忘記過去，轉世輪迴，而來生尚要承受多生多世的業，如果這套法則真的存在，那麼實在太痛苦了。我寧願有天堂與地獄。

我死得太餓了。已沒有氣力拒絕或拿起湯碗。愛因斯坦就灌了湯進我的五臟六腑。這是從未飲過的味道，不是人間食物的味道。一股暖流沖向我每一個細胞。瞬間，我充滿了力量。從前我以為鬼只是很弱的電波，但原來鬼也可以有力量。

「好喝嗎？是火鳳凰燉蛟龍。現在野生的蛟龍已經很難找了。」我寧願食泥，也不食野味。無奈，一切已在我的身體內。「傻小子，你未死，只是餓暈了而已。」老頭的讀心術應該比我厲害。

「我乃司命真君，即上古之灶神。逐漸被世人所忘。被貶後，閒遊太虛之際，見到你昏厥在地，既然有緣，就帶了你回來。這裡甚麼也沒有，只有食材和飲料，隨便享用吧。廚房小吏，不像天庭大官，沒有幾百人為我開派對，有時很寂寞，待你好點，我約好友哮天犬（數千年的單身狗）跟你一起暢飲吧！」

喝湯後，就像我的學生午膳後，很想睡一睡。夢魔沒有勾我到地獄，反而睡夢公主把我帶到鏡湖（不是澳門的鏡湖醫院，縱然鏡湖醫院亦是循環的出入口）。我探頭望向湖心，隱約見到一隻黑貓一隻白貓，互相追逐。看著看著，像著了魔，幸好，公主吆喝了一聲，我才回過神來，幾根白髮同時在我的頭上飄落。公主說我仍未得道，敵不過時間的引力。她大概在不知不覺間救了

我。好夢由來容易醒。我與睡夢公主彼此依偎，看夢幻泡影，慢慢就睡著了。

醒來，原來仍在灶老頭的廚房。廚房讓我想起母親。小時候，總喜歡在媽媽背後看她切菜煮飯，偷吃東西。媽媽有時會罵我，現在回想起，仍是暖烘烘的。你還記得這個永遠願意對你好包容你的人嗎？

我開始害怕為追求理想，而被困在這個變幻的世界，而無法再與親人在短暫的時間的洪流之中相遇！

「傻小子，總愛鑽牛角尖，走進死胡同！」灶君伸出舌頭，向我扮鬼臉。他真的很像愛因斯坦。難道他曾到過二戰時期玩了一玩？

之後，男人（我）老狗（哮天犬）愛因斯坦，喝了很多酒。酒後吐真言，原來灶君最討厭火鍋，因為絕無廚藝可言。而哮天犬原來曾暗戀玉兔，最後因愛成恨......

眾神皆醉我獨醒，我步出了灶君萬尺的富豪廚房，站在雲煙之上，漫天星斗。原來人真的很渺小，只是宇宙中的半點塵。

我透過冥想，企圖與可可同豆豆連繫，完全沒有反應。我讀過科學，當然明白電話與錄像的原理，但無論怎樣，到現在我仍覺得不可思議。千里傳音，甚至有影像，又可以記下畫面，科學根本就是最厲害的法術。有白魔法，就有黑魔法，科學亦復如是，便利生活，亦將人推向滅亡。

我懷疑愛因斯坦不是灶君，而是杜康（酒仙），終日賣醉。我趁著他清醒的一刻，問他「煉金術」的消息，他答我：「將食材變佳餚也是修煉！」我快被這個救命恩人氣死了！

直至有一日，孫悟空為灶君送來兩個大蟠桃，我向大聖爺請教，就真的獲益良多。要知道七十二變，其變雖不永恆，但已幾

近煉金術，形態之轉變。大聖大情大性，知我由老遠，輾轉來到這裡，尋找至高無上的法術，於是借了觔斗雲予我，方便出入。

騰雲駕霧，逍遙自在。「有時候我覺得自己像一隻小小鳥 想要飛 卻怎麼樣也飛不高」這首歌是我童年的心聲。想不到現在我居然可以有這種御風而行的快感。

飛得高，就跌得深。我被黑翼天使（相信是路西法）撞翻了，想不到曾經地位最高的史前天使，跟部分香港人一樣毫無禮貌。其實，不小心衝撞，一句「對不起」很難嗎？有些人更會問候別人母親。學生老是說粗口是香港文化。君不見一家幾口互相問候彼此的器官、母親甚至全家！

我被黑暗的雲吞噬。張開眼和閉上眼，沒有分別，沒有半點光，亦沒有半點風。一片死寂。我畏懼黑暗。眼、耳、鼻、舌、身、意，以眼為首，彩色的花花世界還是美好的。

如果地獄真的存在，我寧願有刀山有油鑊，「有」總比「無」好得多。沒有光明，沒有欲望，沒有快樂，沒有痛苦，實在太恐怖。

西伯利亞的監獄，是最黑，也是最白的無間地獄。香港是福地，無論你犯甚麼法，坐監有假期，有太平紳士探，而且過時過節，飯菜更有驚喜。

第五回

【又回到那些年 記憶中你青澀的臉】

不知道我是否又開始餓，又開始有幻覺！我嗅到了熱奶茶和菠蘿油，是港式茶餐廳的味道。我循香氣走，不知走了多久。終於走出了茫茫黑暗。

我好像走進了一間六七十年代的茶餐廳，有點像澳門十月初五的南屏雅聚，收音機正播放著《女黑俠木蘭花》。煉金術可以逆轉時空，難道我已經不知不覺間學了些皮毛，只是未能隨心所欲，所以在進行時空穿梭？

我點了一杯紅豆冰和一件蛋撻，是舊有的味道。現在，香港人食的大多是垃圾，味精配上防腐劑。肯花時間用心去做食物的食肆已寥若晨星。多少年了，我一直找不到馮老先生在《不是故事》中提及的「金華玉樹雞」！

慘了！忘了沒有錢！正當我有困難，《不是故事》的男主角風眠先生，忽然出現在我眼前，為我結帳。風眠先生在我的耳邊細語：「馮老先生提你回到最初的起點。」最初的起點在爸爸體內，可以游回去嗎？回不了，回不了，說笑而已。

回到最初的起點？忽然想起了胡夏的《那些年》。最初的起點？人最初的起點究竟是甚麼？我最初的起點是甚麼？故事的起點是甚麼？

想著想著，頭就劇痛起來，不像針刺，而是雷轟！如果你有頭痛困擾，就會了解。這點我的老朋友悟空就最明白。我的頭顱在撕裂，痛得昏倒了。

我發現自己躺在醫院的病床上。我起身周圍巡視。醫生、護士等，都看不到我，我成了科幻片的透明人。我聽到了少女的抽

泣聲，她的父親剛剛離世。她讓我心痛，我很想安慰她，緊抱她，但我甚麼也做不到。預感告訴我，她就是我未來的妻子。我希望與她和可可豆豆有一個幸福的家，生命雖短暫，但希望在有限的日子裡開開心心。

病房內，病者的呻吟聲、家人的抽泣聲，教人心痛。如果一個病者已肯定每天只能看著天花板發呆，甚至已無法表達，那麼，安樂死為何不可！可以留點尊嚴給人選擇嗎？當然，很多人的信仰是不容許這樣的。

如果我煉成無上的法術，將人的業力和疾病可以轉化，那是多麼美好的一回事。醫院的經歷鞏固了我的志向！

我用盡靈力，呼喚可可與豆豆。出現的卻是一隻有眼疾的小貓。我知道牠叫米米，是我偶像馮老先生死去了的白貓。馮老先生的散文曾提過，未能讓領養回來曾流浪食垃圾的米米過一段較長時間的幸福生活，是他與太太的遺憾。

米米雖然有白內障但非常可愛，喜歡咪咪叫，又喜歡跟人嗲人。牠跟著我，我又跟著牠。牠引領我走出了醫院，就隨風踏上了彩虹橋。願 你在另一個世界，再沒有飢餓與病痛，健健康康快快樂樂蹦蹦跳跳。

米米的骨灰仍在馮老先生家中。只要馮老先生的精神仍在，米米就永恆存在。雖死猶生，親人走了，你不捨得，但記住他的生命已活在你的生命，所以，你要好好生活，延續他的生命，活出他豐盛的生命。

第六回

【沙漠中的紅玫瑰，要用心去感受它的刺。】

離開醫院，一片泥濘，無數的蚯蚓在翻土，為人帶來營養豐富的土地。忽然，一群候鳥飛過，咬食蚯蚓，我問牠們為甚麼要食蟲？牠們說餓了。突然，一隻鷹抓住了一隻候鳥的頸項，我問牠為甚麼要這樣？牠說餓了。一會兒，一頭牛走過來，反問我為甚麼要食肉？

我曾見過一位滑稽的老尼姑在肯德基炸雞店，一邊大快朵頤，一邊摸摸自己的光頭，是何等智慧的表現。

如果真的有頭細身大的基因雞，那絕對是煉金術的一種！值得學習！

走過泥濘，是無垠的沙漠。我拿起了一堆沙去感受。我感受到這裡曾住了一批阿修羅，他們為了水源，曾互相欺騙互相出賣，無論他們創造了任何文明，最後也敵不過大自然。

我沒有繼續走向沙漠的中心，或許裡頭有綠洲，或許有蛇蠍美人，但直覺告訴我，我要找的，不在這裡。

我沿沙漠邊走，走了一段時間，我見到一架左搖右擺的舊款私人飛機有墜機的可能，於是我運用了大聖爺教我的大風咒，用風托起了飛機的底部，否則一定大爆炸，機毀人亡。做好人做到底，成人之美是孔子教的，我託付沙漠的土地神找熟悉當地情況的貝都因人騎駱駝去救助被困的飛行員。

好心有好報！一隻兩耳垂肩的老狐狸從沙漠中跑了出來，對我說：「我是千年狐仙，妲己的閨密，我用至高無上的心法，換你剛才施展的大風咒，等價交換，好嗎？」狐狸婆婆雖有千歲，但說話時仍媚態萬千，相信她年輕時一定傾國傾城。歲月偷走了

人的青春，偷了你的親人，亦偷走了她的風華。我是男人，最難拒絕狐狸精，「成交！」

原來她傳我的心法只是靜觀萬物的根本及萬物之間的互動。她用了個精彩的比喻，男人天性好色，只要女人沒有到過福島，性感點，若隱若現，男人就會心動。

內緣，遇上外緣，就是很多事情的開始。

很多時，小三比正室醜陋得多，但她們通曉陰陽互動之術。

真理與廢話是一線之差。老狐狸傳我的心法，對我修煉，的確有啟發。

萬物的本質是空的，只是種種條件偶合，緣聚而生，緣散而滅。只要掌握到當中的條件與變化，不就是煉金術的理論基礎嗎？

然而，如何做到呢？正如從現今的數學推論來說，回到過去是有可能的，但如何做到呢？

不知道老狐狸有心或無意，她嘗試施行大風咒。咒語一唸，大風起兮雲飛揚，我被吹到了唐朝的洛陽。

第七回

【因果是一個圈圈，而不是一條直線。】

洛陽城裡，歌舞昇平，非常熱鬧。我問穿唐服的大叔是甚麼年代，他答我是「天授元年」。幸好，我的中史常識不太差，應該是武則天管治的年代。

「聖上有命，想見見你，我是本朝欽天監摩連奴。」後來他告訴我，原來他們一班大學士夜觀天象，發現有異樣，會有未來人出現，所以用卜筮，找到我現身的方位。也不難找到我，對於他們來說，我的衣着太新潮了。

感覺太棒了！居然可以見到武則天！她是我國唯一的女皇帝，她創造了一個盛世。由一個才人，最後可以改朝換代。又一個「曌」字，足以讓我懷疑她是煉金術的修行者。大家應該有共鳴！

不知道是史官見她是女人做了皇帝而詆毀她，還是她真的殘酷不仁喜歡用人的身體玩遊戲，面對這個強大的女人，我必須小心，更何況我長得太英偉！

我成了上賓，唐朝的盛宴的確輝煌，舞女的飛天表演，各國送來的貢品，尤其西域的葡萄，都叫我拍案叫絕。

我看到的武則天，有點像曹雪芹筆下的王熙鳳，丹唇未啟笑先聞，當然，武則天多了一種威儀尊貴。大人物說話不轉彎抹角，直接得不得了。「未來人，朝代更替是自然不過的事，我國國師早已預言朕與大唐的將來。朕只是好奇未來的世界會是怎樣。」想不到坐擁天下的武則天智慧之高，簡直讓我徹底拜服。她是我真心願意下跪的人。

之後幾天，我與皇上分享了未來的點點滴滴。她對「八達通」尤其有興趣，說是利民的好東西。我跟她說笑，說月宮裡的嫦娥

當年濫藥，智力受損，不懂得用八達通，因為她已十分離地，一直在天上。則天問我是不是一道燈謎，說罷，她猜到自己錯了，估到我是在諷刺甚麼。大家哈哈大笑。

在我眼中，則天皇帝並不可怕，是個絕頂聰明，愛說笑，對未來世界充滿好奇的智者。

告訴你們一個小秘密！但你們一定要守秘密呢。否則，我怕歷史要改寫。還記得我臂上半月半日的圖騰嗎？則天皇帝覺得好有趣，聽完我的經歷後，靈機一觸，日月當空普照天下，就創造了「曌」這個字。

世事就是這樣，因果是一個圓圈，而不是一條直線。

有一晚，我和則天皇上在城牆上，看著萬家燈火。她感觸說，無論後世怎樣評論我，我不在乎，我只在乎當下是不是每個人都可以溫飽。

我亦道出了修煉的初心。想不到，我跟武則天成為了知己。我沒有問及歷史書裡的醉骨之刑和她的私生活。有些事情，不知道比知道好。

我在皇帝身邊，足足一個多月，流言蜚語，愈來愈多。最有趣的，居然連我也知道。則天權傾天下，有甚麼不知道。她甚麼也看得開，唯一令她揪心的，就是她野心勃勃的兒子，相信緋聞也是由太子策劃散播的……我知道最後，她會選擇犧牲母子之情。其實，經濟學的機會成本，一得一失，真的不能共存嗎？

為了遏止流言蜚語，皇帝會幹掉我這個微不足道的未來人嗎？既然我來自未來，死了，亦不會影響當時。如果你真的認為則天會這樣做，你就太低估則天的智慧了。

有一晚，摩連奴匆匆來找我，說時間到了。剛聽到，我以為

一切已完結，再沒有故事，再沒有一個瘋子蜻蜓點水式穿梭時空的故事。

摩連奴把我帶到一處畫了五行相生相剋圖的地方，而圖的八方則是八卦的爻。則天皇帝正在圖的中心等我。我曾替自己起卦，壽元七十七，莫非我的計算錯誤？

我想用通心術知道皇帝與摩連奴的想法，但他們的意念太強，得到的訊息是堆亂碼。「未來人，我送你回去。」則天拿著一個古銅造的寶盒，寶盒上有甲骨文寫著的「日」和「月」。「未來人，珍重！要不是天下人需要我，我一定要玩玩！」摩連奴打開了寶盒，唸起了咒語，有點像嬰兒的話語，突然，我的手臂一陣刺痛，圖騰在閃爍，黑暗的夜空中同時出現了日和月，兩者逐漸交疊在一起。我被牽引，飛進了日月之中，不可思議，不科學！

我好像進入了一個繭。沒有窗。外面或許在高速運轉，但裡頭十分平靜，情況應該像你乘搭高鐵一樣。

一條毛蟲，結繭，最後化蝶，是大自然的煉金術。

第八回

【游魚快不快樂，也成為了我們的快樂。】

我從樹洞爬出。回到了最初的樹林，陣陣胡椒味，刺鼻刺眼，可可在沙地上翻轉了肚皮，悠悠地說：「還要繼續嗎？」我堅定地說：「我要煉金術！五十年......五百年......五千年......此心不變！」「好！」之後，可可又翻轉了身子，在挖沙。牠不是想「解放」，而是挖出了一個黑洞。牠示意我爬進黑洞。

不知爬了多久，終於爬出了黑洞。驀然回首，是株醜陋無比的椦樹。樹瘤纍纍，有點嘔心。四野無人，芳草青葱一片，又不知走了多久，聽到了吵鬧的聲音。原來是兩位長相古怪的人在辯論。「游魚暢泳是魚之樂。」「你又不是魚，怎能肯定魚真的快樂？」聽到這裡，我知道自己遇上了莊子與惠子。難得見到莊子，真的想問他怎樣看未來的人工智能和信不信有外星人。

莊子的造型又是個愛因斯坦，或者，智者就是這種形象，而這種形象則未必是智者。而惠子呢？你想也想不到，原來是個平胸的女生。根據莊子的理論，平胸也是好的，可以超脫地深吸力。忽然之間，覺得歷史與文學，是倒影，半真實半虛幻。

「平胸也是美！」莊子說。大與細，各有喜愛。而不同的朝代不同的社會，就有不同的審美觀，而這種審美觀只能代表當時大部分人的喜好。例如：唐朝愛大胸，肥肥白白；宋朝愛微波送柳枝......

莊子與惠子，究竟是甚麼關係呢？我不敢寫下去了，雖然創作可以天馬行空，但創作後仍要面對現實。

「咕嚕咕嚕咕嚕......」肚子又不爭氣，叫了說來。惠子深情地望向莊子：「一起順應自然吧！」游魚的犧牲，讓我們仁吃得很開心。「如果有酒就好了！」莊子說。可惜，我不是耶穌，無

法將水變成酒。且慢！將水變成酒，改變了事物的本質，不就是煉金術嗎？

「加點想像就是了。」惠子悠悠地說。無錯！幻想或是煉金術的基礎。就這樣，水就成了酒。酒不醉人人自醉，迷糊之間，我聽到了莊子叫惠子做 Vincy。大概是我的聽覺因時空穿梭而出現幻聽罷了。

我揉一揉眼睛，難道視覺也有問題？我看到了一位美男子御風而行。「列子，小心飛行呀！今天風力不足！」惠子緊張地向天大叫。「姐姐，不用擔心！以我的技術與修為，就快無風也可以飛行萬里！」結果呢？說時遲那時快，他就緊急降落了。莊子打趣道：「你果然是大宗師！」大家都笑不攏嘴。

在他們的介紹下，我認識了列子，原來他是修道者亦是美食家，有矛盾嗎？濟公是也。我問他們有沒有聽過煉金術。他們沒有聽過但十分好奇。我解釋了對煉金術的定義與看法。莊子莞爾說：「你追求的是改變宇宙運行，而我追求的是超脫宇宙。」列子跟著說：「我只追求飛得遠一點，可以尋找更多美食。」我笑問列子吃過最可口的是甚麼。他說是母親的餃子。矛盾嗎？矛盾。你我不是經常尋尋覓覓嗎？但最好的，其實一早出現，就在你身邊。我同太太就是中一認識的，這又是一個奇妙的故事。

列子問我飛不飛一圈。莊子惠子都叫我玩玩。推不了！列子牽著我的手，驀然我覺得自己沒有重量，就飛起了。古時候的中國真的很美，要山有山，要水有水，要甚麼風景就有甚麼風景。列子引領我飛到了一處高山，高山上有一個一望無際的湖，叫我喝一口，說很有趣。我喝了一口，苦澀無比，正當我以為列子作弄我，口腔裡突然有一種筆墨無法描繪的甘甜。我再喝，第二口是酸的，之後又一陣回甘。第三口是辣的，而不用一分鐘，又是一種清甜……十分好玩。我問列子為甚麼會這樣，他說自己亦想知道。我問列子這個湖叫甚麼湖，他說方圓千里都沒有人，沒有人又怎會有名字。他說得對，是人才會把東把西，定下名字。一切本來就沒有名字。

之後列子說帶我去食好東西。他牽著我飛到了百花盛放的莊園，園主自我介紹，一聽，我就愣了，原來眼前的大叔就是傳說中的神農氏。讀歷史時，我還以為神農氏是一族人，前仆後繼地嚐百草。後來，神農氏告訴我，他吃了「忘年草」，就百毒不侵，生存至今。忘年草呢？他說當年在一處深谷發現了四株忘年草，一株被他吃了，另外三株呢……他始終不肯透露。

神農氏請我們食百花宴，很多品種，我從未見過。其中有一種花，十分特別，是深紫色的，一咬，就令人勾起傷心的回憶。這頓花宴，太多情感，我吃不消。我寧願簡簡單單吃炸雞薯條，就像中國香港人中國澳門人喜歡看不用思考的電視劇，沒有腦筋的負擔。

喝水吃花，水土不服，出事了，拉肚子。竟想不到，那裡並沒有茅廁。「糞便是萬物之源！」神農氏真幽默但又有道理。當我在遼闊的天地之間「放下」之際，彷彿又明白了一些萬物轉換的道理。中學時，賈老師教地理教循環，現在回想起，那時候經常發白日夢，被他狠狠懲罰，罰企又罰企，留堂再留堂，真的汗顏。懶惰換責罰，又是因果又是轉化，為甚麼現在我才明白。「此情可待成追憶，只是當時已惘然……」

讀地理是有用的，讀數學是有用的，讀甚麼都是有用的，重點是你懂不懂轉化。

神農氏是個侃侃而談的大叔，寂寞讓人沉默，亦會讓人不能停口。有時候，我會同情因多口被我責罰的學生因為他們的內心可能很寂寞。寂寞會令人瘋狂。

後來，我從惠子口中知道，神農氏在歡笑聲背後，原來有唏噓的往事。

在大自然裡，尋尋覓覓，不早一分 不遲一刻，神農氏在紫霞山上遇上了一生最愛。雖然知道一個長生不死，一個會老會死，最多只能鶼鰈情深幾十年，但他們仍選擇在一起。可惜，人生無

常，一天，他們如常上山採藥，一條無情的的毒蛇奪去了一條有情的生命。神農氏嚐百草，又百毒不侵，但再多的草藥也救不了自己心愛的人。因為咬她的並不是普通的蛇 而是傳說中附有死靈的蕾蔓蛇。他抱著最愛，她不斷顫抖，慢慢不再有血色，漸漸不再有溫度，再沒有氣力，連說話的氣力也沒有，撐不開兩片嘴唇，最後失禁......今早仍好好的一個人，現在......這種虐心的痛，有誰可以承受？然而，生老病死，有誰不在面對？

神農氏的故事，進一步燃起了尋找煉金術的決心。

在這段日子，我教曉了莊子、惠子、列子、神農氏玩「台灣麻雀」，大家都很開心。而這副精美的麻雀是我口述，干將、莫邪精心所制的，如果千年後出土，又必定是故宮博物館珍藏之一。

我虛心向列子學道，學曉了「御風之術」，比「大風咒」更厲害。

就這樣過了兩個多月的農家生活，十分寫意。而我必須繼續旅程。惠子問我宇宙之大，在時間與空間的蒼穹之中，何去何從。其實，我也不知道。作為寫書人，有時我也不清楚主角該走的方向。

臨別，他們為我準備了豐富的農家菜。未污染的大地與河流，甚麼也是鮮味的。其中，我特別欣賞一種橙色的野菜，清水滾一滾，神仙站不穩！

第九回

【有誰共鳴】

黯然銷魂，我就走了。我用御風之術，飛越了這片原野。原野之外，有一個倒掛在天上的浮島，彷彿是宮先生筆下的天空之城，又有點瑪莉奧的感覺。這種反常的風景往往會為尋寶帶多線索。就這樣，我穿過雲霧登上了浮島。

浮島的面積大約是六至八個足球場。浮島是由灰色的花崗岩構成，正中間有一面沒有框架的鏡，半懸在空。我走近一照，甚麼也沒有。再仔細看，鏡中開始有點渾沌。再照，我見到自己只有黑與白的線條。我定眼再看，黑與白化開，已分不清鏡中是甚麼。我摸摸自己的臉，我仍是存在的。慢慢，鏡中如萬花筒，又有點旋轉，很漂亮。轉著轉著，又變回了黑白，最後一片死灰。我明白了！你理解到嗎？

在人生之鏡前，玩了一會，又是時候離開，繼續我的旅程。

在浮島遠眺，我看到了一個充滿高樓大廈的城市。是香港？是澳門？不是。當地人叫它做「城市」。對了，所有城市都是差不多的，叫「城市」，非常合理。在城市，走來走去，不外是樓和樓、車和車、人和人⋯⋯不外是擠塞、排隊、擠塞、排隊⋯⋯粗口與粗口等。我討厭城市，城市的空氣令我喘不過氣。

突然，一隻瘦削的黑貓跑過，竄進了後巷。或許，那裡是牠的安樂窩，有長期的自助餐。飽餐後，更有老鼠和蟑螂可以玩。我是貓癡，當然跟隨了牠。後巷是城市的一部分，往往十分骯髒，阿伯會在後巷「點滴人生」，上班一族會在這裡彈煙頭，把煩惱扔出，甚至有道友在煉仙，逍遙物外⋯⋯

我對貓說：「你知道煉金術嗎？」城市的貓不是可可與豆豆，不會說話。牠瞥了我一眼，就躍上了屋簷，再跳了一下，就在樓宇之間消失了。

這一刻，我特別想念可可與豆豆。可惜，牠們總是神出鬼沒。

「梁上有雙燕，翩翩雄與雌……」朗誦聲由一處窗戶傳出，我御風騰飛，看到有一個十多歲的胖子在唸《燕詩》。「進彥，快來吃生日蛋糕。」「多謝媽媽，將來我一定要賺好多好多錢，送你去最好的老人院。」「傻孩子。」他媽的慈祥呢！

我在樓宇間穿梭，萬家燈火，各有故事。而城市人各有各忙，沒有人發現我。我在窗外，看過了老人家在床上孤獨地呻吟，聽過了男女在沙發上激情地呻吟，亦見過了失眠的人在輾轉反側痛苦地呻吟……呻吟聲在寂寞的夜裡此起彼落。城市人，好不容易，捱過了一個又一個夜晚。

城市的清晨，沒有雞鳴，只有鬧鐘，鬧鐘響完又響，你又要上班、上學了。加點幻想吧！城市就變成了弱肉強食的森林。地鐵閘門一開，萬馬奔騰，何其壯觀！地鐵閘門一關，野獸被困，活該活該！

大街小巷，都是過江之鯽。我隨波逐流，逐漸失去了自我。城市的黑暗力量會令人失去夢想，我差點失去了尋找煉金術的初心。

我飛到了一幢大廈的天台俯仰天地。誰不知，有人比我更早到。我飛上了天台，他就想飛下去。原來這座城市生病了幾年。他開補習社，曾有理想，經營卻不理想，因欠租而突然被人封了舖，李煜還可以倉皇辭廟，他連舊生畫給他的畫、寫給他的信都無法拿走……回來幫手的舊生，生怕他沒有錢，要求即日出糧……平日非常客氣的家長，用四川的變臉魔法要求即時退款……有合作關係的補習名師落井下石……他以為從小到大稱兄道弟的人會酌情幫忙卻換來敷衍與冷漠……紫色頭髮的變種怪獸與大罪山海邊老校的潘姓地中海老妖，狼狽為奸，透過不負責任做假新聞的《慌張西望》冤枉他十七年前非禮禿頭有胸毛的阿婆……有學生跟他說：「生意失敗的人，我見過；腎虧的人，我見過；倒霉的人，我見過……但同時發生在一個人身上，你就是第一個。」忽然，

我想起了兩位因自殺離世的親人，我沒有任何說話技巧，俗套但真心的安慰他：「想想對你好的人，總有人會為你傷心，不要讓他們承受不能承受的痛！」他大概想到了爸爸、媽媽、太太、姐姐、姐夫、妹妹、姨媽、姨丈、舅父、舅母、表妹、姨甥女、恩師（林）與幾位雪中送炭的朋友、家長與學生......他知道自己極度失敗，負了很多人，而她們仍然疼愛他，從沒有放棄他。他垂下頭，緩緩地步下了樓梯。他的背影，永遠寂寞......

我救了他，亦救了自己。我決定離開這個傷心的城市。

樂土樂土，爰得我所？現實世界太現實太殘酷，我誓要離開！

第十回

【一生一死 一念之間】

我飛出了這個黑暗世界，到了小說的花花世界。

我的小說世界裡，可以天馬行空，可以創造更多的世界。主角必然是一隻西伯利亞貓，牠是長毛貓的老祖，充滿智慧。

西伯利亞貓說牠沒有名字，貓奴才有名字，貓奴自以為是，才會為主人創造名字。有些名字裝可愛，甚麼小嘟嘟之類，有些奴才更失智，改個「語不驚人，死不休」。我就見過在獸醫診所，姑娘大叫「能養，能養……」，「能養，在這裡！」所有人都知他媽的孝順，今之孝者，是為能養。大家的嘴角都翹起來，尊敬這個好能養。

西伯利亞貓說牠曾見過一位煉金術士，可以穿梭陰陽界。我問牠怎知道，牠說牠怎麼不知道。我再問，牠總是故弄玄虛。我問牠知不知道他的名字，牠說他叫男人。沒有錯，煉金術，修煉到某個境界，必然可以掌握乾坤。我再追問牠，他身上有甚麼特徵，牠說有日月的圖騰。當我正想再追問，我的左上腹突然劇痛，不是胃痛，痛得不可形容，所以我教學生作文老是說：文人多大話，總說精神的痛比肉體的痛更甚，全是謊話，你試試有癌或痛症例如腰椎間盤突出，你就會知道，甚麼叫痛！精神與肉體，是不可分割的！

痛到一個點，就會暈！這是身體在保護我們。醒來，發現自己仍在天台。我從天台向下望，有種莫名的恐懼，生怕自己曾看不開，曾讓家人傷心，現在的我只是一個魂。定個神來，一身冷汗，蹲了在地上，有種莫名的難過。

不知過了多久，應該是很短的時間，突然天色驟變，如黑幕，有兩點光逐漸明顯，一剛一柔，是太陽和月亮，它們逐漸交疊在

一起，我的手臂發出了光芒，情況就像武則天與摩連奴送我走的一刻，經驗告訴我，命運在選擇我，我又會到甚麼時空呢？

情節彷彿有點重複，又是日月交疊，再穿越，無錯！重重覆覆，就是人生，就是宇宙運行的「道」！

跟前文的伏筆，下一站應該是陰間。那麼，你又錯了！你認為我會跟章法嗎？

第十一回

【貓歷史被消失了】

我到了未來世界。未來世界完全沒有私隱，大家都是赤裸裸的。不是光著屁股這一種，我寫的不是有海水味的小說。每個人一出世就被植入了晶片，這塊指甲般的晶片，會紀錄你的所有，包括學歷、病歷、銀行戶口、犯罪紀錄等。總之，一經掃描，甚麼都可以知道。有好處的，就是所有人都很安全和遵守法紀。孔子真是聖人，老早已提醒我們要坦蕩蕩，否則就會長戚戚。

晶片更有一個好處，就是促進了地球村的發展。因為晶片會自動幫我們轉化任何語言文字及種種聲音的概念。換言之，你可以同萬物溝通。你不懂法文，他不懂廣東話，但透過晶片，沒有時差，就可以理解對方想表達的意義。當然，偶有失誤，是正常的。你可以知道魚兒是否真的快樂，除非牠對你撒謊。

看到未來的種種，我開始沉思，魯迅先生棄理從文，我又是否攪錯方向，學習科學，才是煉金術的正確方向？

思考是需要大量能量的。在未來，有一種東西，沒有改變，就是食。據聞未來人曾經公投，是否改變人類基因，之後不用進食，用其他代替，但最後八成人類決定維持「飲食」這種生活模式，因為除了生存，還牽涉文化、情感等。飲食男女，千載不變。而我最愛的始終是廣東的飲食文化，希望可以一直流傳下去。

肚子餓了，但我的身體太舊，沒有晶片，怎辦？郁達夫先生的名句：「袋裡無錢，心頭多恨」。現在我徹底感受到，尤其當你嗅到食物的氣味，看到別人食得滋味，你的心裡一定不是味兒。飢腸轆轆，差點有幻想，突然有一位帶著小孩的女士，向我遞來了一盒分子料理叉燒飯。她是觀世音菩薩，是聖母瑪利亞，她救了我。分子料理，對我來說，只是個沒有意義的虛詞。紅潤的叉燒，白皚皚的飯，讓我踏實。大學時，聽倪匡先生喜孜孜地說起叉燒飯，此刻絕對身同感受。

在未來，我最想知道的是醫療和喪葬會變成怎樣。在麻雀和老鼠的指引下，我到了醫院，想不到跟現在的情況差不多，只是設施和設備先進了一點。又在螞蟻和蟑螂的幫助下，我潛入了一個靈堂，扮親友坐了半個晚上，想不到跟現在的亦是差不多，只是儀式明顯再簡化了。

在未來，走著走著，千奇百趣，就不一一詳述了。但奇怪的是，一直不見貓。最後，我問了一隻狗。狗告訴我，有一年，貓瘟肆虐，人類驚瘟疫變種，對貓進行了滅絕大屠殺。「貓奴呢？不會反對嗎？」「多數服從少數從來都是正常的！」聽到這，作為人，我感到羞恥！作為貓奴，十分痛心！狗繼續說：「聽說有些貓成功逃亡到貓星球。」「貓星球？」「傳說有一位貓奴用元科技創造的星球，詳情我也不太清楚。」「究竟是怎樣的一回事？」

我想追尋貓星球的入口，但問了很多動物，都不太清楚。或者，滅貓的時期太久遠。這段歷史被消失了。

沒有貓的未來根本就沒有未來。

我要更快找到煉金術，改變未來。

我要盡快從未來回到過去。

我透過互聯網找到下一次出現日月全蝕的地方。在日本的北海道。我飛到當地，吃了一碗熱呼呼的拉麵後，就到了洞爺湖邊一直等待。那裡的水十分清澈，游魚細石，都可以見到。我在這裡，任風吹，任鳥飛，任渺渺之目舒展來回，俯仰天地，呼吸晨昏，一等，就是二十三個月。日月交疊，天地一片黑暗。

第十二回

【過去未曾過去,未來仍有未來。】

圖騰的耀目驅走了黑暗,當我再次見到光明,我居然在一座巨大的垃圾山前。「這就是你們的過去!」一隻青色皮膚類似人類的生物吐著舌頭說。「垃圾當然是過去了的東西。」我暗忖。「不可以對客人沒有禮貌!」另一隻墨綠色的生物說。我再環顧四周,不是垃圾山,就是一池又一池黑色傳出惡臭的死水。有山有水,可惜不是這回事!

「請問這裡是......?」「這裡是你們遺下的過去。」「每件垃圾都不是垃圾!」他愈說愈激動。「我是從未來穿越而來的......」「這樣的世界沒有未來......」

究竟我們的世界發生了甚麼事?

我捏了一下自己,肯定了自己仍確實存在。我企圖用大風咒,看看這個骯髒的世界,可惜清風吹不起半點漣漪。

墨綠色的生物突然抱頭大叫,無端狂笑無端哭,神經兮兮的。其餘的綠色生物見狀即時半跑半跳地逃離。墨綠色的生物的肚子突然高速澎脹起來,彷彿要爆!

不是彷彿!牠真的爆了!

爆出來的不是甚麼髒物,而是一堆又一堆的「文化」。我看到了《論語》、《孟子》、《大學》、《中庸》,又見到了《詩經》、《尚書》、《禮記》、《周易》與《春秋》......你知道是甚麼嗎?即是「四書五經」。因為大部分的你不知道,所以它們就被藏在牠的腸臟之中,與糞便同在。

牠爆出來的東西，愈來愈多，而過程中充滿了不同的聲音。「辜負了伯牙琴。淚已難自控。知音再復尋。俗世才未眾。」好一段「嶺南文化」！

普通話是語言，廣東話是語言。白貓是貓，黑貓是貓。你懂嗎？

牠愈爆愈多愈精彩，其中有一首歌，我特別有感覺，就是許冠傑先生的《浪子心聲》：

難分真與假 人面多險詐
幾許有共享榮華 簷畔水滴不分差
無知井裡蛙 徒望添聲價
空得意目光如麻 誰料金屋變敗瓦
命裡有時終須有 命裡無時莫強求

牠是用正宗的漢代廣東話爆出來的，誰說廣東話一定要以宋朝的為標準呢？

我多渴望牠的肚子裡突然爆出煉金術的文獻，可惜我買六合彩永遠只差六個數目字。經過一輪大解放後，牠的肚子終於平伏下來。牠對我說不用怕，保證未來五十分鐘，一切不變。

其他綠色生物又圍攏過來。

我問牠為甚麼會這樣。牠說是自然現象。我想牠的腦海應該有太多垃圾，有點混亂。一個瘋的，為甚麼不可以做領袖？你看看由古到今的中外歷史，就知道這是正常不過的事。

說著說著，牠又爆了！

第一次見到牠爆，有點恐怖。但慢慢覺得自己有多少變態，牠每次爆出來的都十分精彩。而且是十分隨意的，千奇百趣，有些我略懂，有些從來沒有出現過在我認知的世界。

我由恐懼變得期待。

有一回，牠放了幾首歌，是獅子山下香港人的集體回憶。其中有四首歌，我最有共鳴。分別是張國榮先生的《有誰共鳴》（作曲：谷村新司；填詞：小美）、陳百強先生的《一生何求》（作曲：王文清；填詞：潘偉源）、盧冠廷先生的《一生所愛》（作曲：盧冠廷；填詞：唐書琛）及黃家駒先生編曲填詞與主唱的《海闊天空》！

直至有一次牠真的噴出了一噸的糞便，我就後悔了！幸好，我畢竟與貓無異，手腳敏捷，否則，就慘了！

剎那，我想起了一位後來教視藝的中學同學。她是讀地理的，那時候，一班同學午膳，她就會大聲疾呼：「大家食屎！」無錯，屎是萬物之源！

忽然，我好像明白了一個道理。人是從屎屎尿尿而來的，你我不是嗎？除非你是我老友悟空！

我忽發奇想，不如從墨綠色生物的肛門進發，或者會找到煉金術的線索。或許，我已瘋了！

我趁牠再次爆發之際，鼓起勇氣，向著山谷進發。牠尖叫了一聲，我嗅到了香港人最愛吃的豬腸味，澳門四處都有的牛雜味，眨一眨眼，又是另一番景象。

第十三回

【陳奕迅先生在澳門演唱會：你聽唔到咪算囉！】

眼前是藍色的菊花海，有一隻禿頭的德文貓坐禪似的，在看著我。「這裡是萬念之源。」牠用腹語道出。「有念就有因果，就有轉化。眾念就生成宇宙，循環變幻......」牠續說：「是凶是吉，一念之間。眾念交集，緣起，眾念一散，緣滅......」

藍色的花海突然泛濫，一幕幕的巨浪，浪裡有無數震撼和細膩的畫面，大至世界大戰，小至一家人在吃火鍋，都可以看到。

花海之大，無邊無際，無始無終......我看到了已離世的親人，我看到了曾遇上的人，我看到了七情六慾，我看到了自己......

驀然，花海在高速旋轉扭曲，一股氣流，我就被排出了，身上當然少不了一些「歷史」！幸好，我已熟練大風咒，可以潔淨我身。

我問墨綠色的生物如何離開，牠說沒有人可以離開歷史與文化。我說一定可以！我正在改變一切！我集中所有念力，想著歷史的出口。我彷彿進入了混沌的狀態，是無法描述的，沒有了時間與空間。

心凝形釋？不是這樣。我仍有意識，但開始模糊，眼、耳、鼻、舌、身......種種感知都逐漸虛空，愈來愈輕，愈來愈靜。

突然，一下劇痛，眼、耳、鼻、舌、身、意......又聚焦起來，成了「我」！我看到一隻貓正狠狠地在我的手臂上抓下了日和月的圖案，再定一定神，是可可！我歡喜若狂，終於可與可可重逢！

寫到這裡，你一定覺得奇怪。如果你有看小說的習慣，或許會以為我在小說的早段埋下伏筆，會有穿梭到清朝或鬼谷子的情

節。要知道我寫文章，並不如某台的電視劇那樣有套路，不停強姦不停爭產不停無間道......最後燒烤火鍋結婚大團圓結局。

我寫的東西就是沒有章法，這就是「文字煉金術」。或者，你又會問我為甚麼不用「鍊」而用「煉」，答案是如果我用「鍊」，你又會再問我！

當然，我亦不排除這部小說如果大賣，或會以穿梭清朝或鬼谷子為概念，繼續寫下去。但我就一定不會用單一的內容，死不斷氣的，略變文字重複內容，而騙讀者的錢。芥辣壽司，一吃再吃，就吃了廿幾年，誰說香港人不長情？

或者，多情應笑我。香港的文字，澳門的文章，並不值錢。但我堅信「文章有價」！

發了一輪牢騷。故事寫到這裡，就結束嗎？

我偏偏不想結束！就像香港人看演唱會，已完結但又未完結！歌手謝幕，歌迷大叫，雁過雁過雁過也，又是舊時相識，偶像又彈出來了。那麼即是從未完結。但願人死了也是一樣，似完未完！大家喜歡，就是了！

說到演唱會，我在此要向陳奕迅先生致敬！

第十四回

【生命有限 所以無限】

可可在我臂上抓下了日月的圖騰，就囑咐我到澳門的爛鬼樓去尋寶。

我想找何小姐買船票，可惜，年月似乎改變了，船期疏落了，而人沒有減少，我在信德中心撲空了。

唯有改用陸路。人要懂得跟時間轉變，變則通，通則達。

港珠澳大橋一到假日，就會呈現一條盤旋多圈的巨蛇，黑白黃紅，各色各樣的人，就是牠的鱗片。大家操不同的語言，但目標只有一個，就是上金巴，而到濠江後，目的就多元化了，有賭有食有嫖有玩有遊覽......人打一圈來回地獄又折返人間，何嘗不是這樣呢？

又是豆豆迎接我，又是到了爛鬼樓，但不同的是，古玩店變成了咖啡店。咖啡店的招牌寫著：「等一個人咖啡」。我期待遇上周慧敏小姐，可惜在裡頭，又是那個老男孩，又是那一句：「我等了你很久。」比較有創意的是之後的一句：「店名也是為你而設的。」幸好，我寫的不是男男的美麗故事。

「其實......你是誰？」我問他。

「你的小說裡曾提及我呢！」

「難道你是......」我大概猜到了他是誰了。你呢？

「喝一杯不傷胃的咖啡吧！」老男孩正在調製一杯極香濃的咖啡。

我啖了一口，彷彿聽到了鐘聲，視線逐漸收縮......

當我醒來，發現自己伏在一張檀香木的書案上，而書案上有一幅蓋滿了圖章的《富春山居圖》。我暗忖：「難道我成了乾隆皇？」難道我的小說自相矛盾，墮入了伏筆，到了清朝？（相信我已不走出人生的定律，逃不掉伏筆的框框）我在一塊銅鏡前仔細打量，我仍是我！驀然，門外傳來人聲。我躲在屏風後，進來的不是乾隆皇，而是武則天的心腹摩連奴。我擦擦眼睛，捏捏手指，的確是摩連奴！「你怎會在這裡？」摩連奴笑著說：「你也在這裡呢！」大家會心微笑。「餓嗎？食不食滿漢全席？」他一問，我就餓了！「但我不想食猴子腦！」我笑說。

「早晨，傳教士。」「早晨，傳教士。」宮女和太監都這樣對跟摩連奴打招呼。紫禁城的御花園果然不是虛的，大得有點像無盡的鳥籠。說起鳥，御花園，甚麼鳥都有，除了太監。如果鳥遨翔代表自由，那麼，太監因為生活，或生活選擇了太監，他們得到了半飽，卻失去了基本的自由。清朝赫赫有名的太監大多姓李的。

你會選擇窮？還是無窮的自由？

御花園除了姓李的太監，還有「小精靈」。「小精靈」是摩連奴的守護靈，是罕有的四色貓（橘、紅、黑、白），最喜歡有違貓性，在龍椅上翻筋斗。摩連奴說小精靈精通所有語言，但我只聽到牠偷吃滿漢全席的嘴嚼聲。

小精靈最愛的是蒸鱗魚，而我最喜歡的是螃蟹羹，鮮味無窮。飲飽食醉後，摩連奴教我夜觀星象。我說科學點吧，只是星體而已。摩連奴卻說「科學有時不科學」，這句話，我思考了很多個夜晚。

其實，我也只是跟摩連奴這個忘年之交開玩笑，學法術，找煉金術的我，一點也不科學。

　　我問摩連奴為甚麼來到這裡。他說時空旅行，我倆都不是第一人。我問他第一人是誰？他說他也想知道。我問他去過甚麼地方？他說最喜歡到玫瑰島共和國。這也是我非常嚮往的地方，據說那裡的酒和女人都很美，但摩連奴說玫瑰島最美的不是酒和女人，而是自由的空氣。可惜，意大利粉是不容許加叉燒的！所以，我說香港的茶餐廳最自由，最可貴！不可不說，香港的車仔麵和米線，也是「無待」的表現！

　　滿漢全席不是虛的，我吃了個「天下一家」。海陸空的力量充實了我，我要繼續尋找煉金術之奧秘。

　　摩連奴帶我參觀翰林院。一位老學究知我想找煉金術的專書。他用了三日三夜跟我研究是「煉」還是「鍊」。這三日三夜簡直是無間地獄！原來清朝的學者跟現在做學問的都差不多。

　　第四天，他跟我說翰林院裡沒有這類書......

　　幸好，摩連奴拍了拍我的肩膀，否則，我一定使出大風咒把這位老學究吹到大西北好好發展！

　　在一個七星連珠的晚上，我與摩連奴在城樓上飲高粱談風月。他問了我一個根本性的問題 為甚麼要得到煉金術。我直抒胸臆，因為我害怕失去。害怕失去最親，從小就害怕。媽媽養你教你，無私的點滴，好多片段總會偶爾浮現，但有一日她滿頭白髮，插滿喉管，逐漸虛弱，最後你連她會到甚麼地方你也不知道。甚至乎人死後，若是一切虛空，不再存在，是何其恐怖！所以我的小說裡，讓神讓魔讓鬼存在。我希望一切都真的存在！

　　摩連奴說：「生命無限，不是直線，類似圓形，永恆存在！」他繼續說：「生命有限，人才會無限，才會珍惜。」他滿臉通紅，大概醉了。

　　道理，我當然明白。情況就像小時候，你母親只容許你在遊樂場玩半小時，你會份外珍惜。

二零二三年香港文憑試中文科第二篇簡禎的《一竿冷》，究竟有誰共鳴？

不如學陳列「我們去唱歌」吧！

忽然，摩連奴唱起了《水調歌頭》，他真的是最出色的「穿越者」。

醒時同交歡，醉後各分散！

當我酒醒，摩連奴已不知所蹤。

「先生有禮物留給你。」一位小太監受摩連奴所託，引領我到了一所隱蔽的宮室。

黑紗揭開，正正是香港故宮博物館展覽的那部「人形風扇鐘」。我再仔細看看小太監，原來是......

鐘聲噹噹地響，風扇不斷旋轉，娃娃猙獰地笑，臂上的日和月發出了耀眼的光......

在光明的黑暗之中，我彷彿聽看到了有一位很可愛的小女孩用她母親留下的指姆琴彈奏著胡夏的《那些年》......

第十五回

【大家都有不同的旅程 祝 旅程愉快】

　　在指姆琴的琴聲之中，我的心從未得到如此安逸的慰藉。我感受到陽光的溫暖，張開眼，窗外有一群可愛的小貓跟著母親在一座百年的聖堂上悠閒地漫步，驀然回首，青色的椅子上有一位千年的少女精靈在看魔法書籍，旁邊坐著幾位老態龍鍾的智者。忽然，有一位熟人叫我，原來是大聖爺和他的師傅、師弟......

　　原來，每個人都有屬於自己的煉金術之旅，但原來，每個煉金術之旅都不僅屬於自己，還有與你時而吵鬧時而歡笑的人。

　　每個煉金術的故事都似完非完......

2024 年貓眼寫的散文：

《外婆橋》

老一輩的澳門人，即使離開了多久，最終也想回來。因為疫情，外婆遲了幾年，才能回來與我從未見過的外公重逢。外公的住處，向下看，從前是一望無際的海洋，現在就可以看到飛機升降。以前，農曆四月，外公就會望著紅白色的小船載著他的妻子、兒女、內孫、外孫......歸來。

外婆與外公，相隔幾十年，再次重逢。乳豬、切雞、燒酒，自然少不了。中式交響樂伴著縷縷青煙，彷彿有很多畫面在浮現。

第一次過澳門，坐的是大船，是有床鋪的。記憶已經模糊，那時候我應該只有幾歲。依稀記得船不知開了多久，大人帶著我去玩一部會閃會叫、拉棍的機，吐出了很多硬幣。大人叫它做老虎機。我問為甚麼叫老虎那麼可怕，長輩和旁邊的陌生人都看著我笑了起來。

小時候，不喜歡澳門的的士，烏卒卒的。我喜歡孝思墳場的《二十四孝圖》，色彩繽紛，而且媽媽說的故事很有意義。巨型土地公穿著鮮黃色的長袍，拿著棕色的權杖，守護住澳門這個彈丸之地。而外婆守護的，就是每年率領我們去拜外公。那時候，仍是會燒炮仗的。細舅父就負責這危險的部分。大叫一聲燒炮仗之後，大家掩著耳朵，但仍是會聽到劈劈啪啪的聲音。炮仗聲此起彼落。外公吃完後，就到我們吃，這是我最喜歡的環節。不曉是甚麼原因，澳門的乳豬總比香港的出色！

拜山後，就會到姨媽住的田畔街休息。姨媽住在四樓，一進大廈就會有一種很特別的氣味，因為大廈的地下是一家做藥酒的老舖。樓梯是左右兩邊的，每到一層就會重逢，所以小時候最喜歡跟姐姐、妹妹、表妹，各走一邊，交疊重遇，十分有趣。

　　澳門是充滿氣味的城市。不是說盧九花園外的炭燒雞腿味，也不是說駝背阿伯在街邊煮蛋茶的香味，而是說一種特有的汽油味。由碼頭一出，就是這種氣味，或許是那時候有太多電單車的緣故吧！我就不知道了。

　　澳門十一月賽車是甚麼氣味，我不知道。我從來去的，都在四月。媽媽是在澳門長大的，她帶著我和姐姐、妹妹，在澳門走著走著，說那裡以前是炮仗廠......或許，當年媽媽嗅到的又是另一種氣味。

　　氣味的轉變是否代表城市的進步？酒店、賭場的人工花香味的確是香，但我始終懷念昔日工人球場頂層的炭香。或許，我是個俗人，喜歡俗臭。親朋戚友，大人飲啤酒，小朋友飲可樂，撕開雞腿，食咖哩炒蟹，真的很快樂！後來，才知道工人球場並不工人，吃一餐原來是挺貴的。

　　工人球場呢？又變成了養活更多工人的地方了！

　　外婆做了一世的工人。

　　早年，她在熟煙廠做工人。後來，她為她的大兒子做了大半世免費的工人。後來呢？一次大病，她疼愛的長子就開除了她。幸好，我的細舅父細舅母都很好，願意做我外婆的工人。

　　外婆最後的十幾年，就由沙田搬到了屯門。而大家都知道外婆心裡最懷緬的就是沙田。

　　其實，外婆懷念的，還有澳門的一間屋。可惜，亦因為她的大兒子而失去了。

　　澳門近年的樓價真的很高，以前幾十元就可以做的，現在做間大屋，動輒也要好幾百。縷縷青煙，外婆，您終於可以回到澳門住大屋了。

外公在孝思墳場的，是自置單位，幾十年前買下，現在用錢做點手續，外婆就可以一起居住。一個是骨，一個是灰，兩個人住，算是可以了！

想不到，第一次見外公，就是一副灰黃的骨頭。媽媽經常說外公長得又高又帥，帥不帥已無法知道，但外公的腿骨真的很長。

道士把外婆的骨灰盅，放到外公的懷裡，封墓碑的一刻，就叫我們轉身迴避，那麼就隱隱約約望到了港珠澳大橋，港珠澳大橋就像外公的腿一樣長。外公外婆因為第二次世界大戰，分別走到了澳門，不早一分，不遲一刻，大家的步伐遇上了，就有了之後更多的故事。

澳門街雖然小，但的確有很多故事。孫中山故居、鄭家大屋、牌坊等，處處故事，故事處處。我從小就在外婆和母親口中聽過很多澳門街人與人之間的故事。我喜歡澳門的街名和地方名，《十月初五街》、《戀愛巷》、《海角遊魂》等，總讓人幻想到很多故事。

其中有一個故事是真的。有一次，我在大馬路尾，隨意走進了一間舊式茶餐廳，甫進餐廳，就看到了一張黑白照，是位老婆婆，下邊插了三枝香。老伯介紹說，是他的太太。老實說，食物味道很一般，無論辣魚飽或豬扒飽，濃濃的人情味和幾十年鶼鰈情深的況味，蓋過了食物原有的味道。臨走時，我祝福老伯伯身體健康，老伯卻笑說最怕長命百歲，太太等得太久會發脾氣呢！

外公一等就是幾十年。這幾十年，外公看著澳門一直擴大，由滄海變成桑田。我們這一代也逐漸長大。以前，在孝思墳場向下看，是泥黃色的海岸；後來呢，就變成了一個又一個積木似的貨倉；現在呢，可以俯瞰到機場，可以遠眺到大橋，東西南北，盡在孝思墳場。

媽媽對我說，將來也想葬回澳門。澳門近年愈來愈多人，我希望地府也是一樣，那麼，媽媽就可以留在我身邊多點時間。塞

車會讓你遲到目的地，媽媽是澳門人，祝願媽媽的人生如澳門交
通，遲遲卡在上橋之前。

媽媽說她讀中學時，曾經徒步走過澳氹大橋，我問她走了多
久，她說走了沒有多久，就到了氹仔，是真的，青春走得很快。
後來，我讀大學，就在一個四月，清明前，早了一天，過澳門，
走了一次，看似不長的橋，走著走著，一輛輛的車輛在旁飛過，
我開始懷疑人生⋯⋯

在香港，海洋的氣味很濃。在澳門，一片泥黃，海的氣味卻
很淡。而水，喝起來，就有點咸。媽媽在濠江中學是高才生，能
有條不紊地向我解釋水咸的原因。可惜，當年澳門尚未有大學，
而外公又早逝，沒有錢到外地升學，否則，媽媽應該有不一樣的
人生。但這樣，又未必有我。澳門的水，是好喝的，本身就有味
道，而如果你不習慣，多飲幾杯，就黃河氾濫了。媽媽嫁了來香
港幾十年，依然老是說香港的水很難喝。而我就是喝兩江的水長
大的。近幾年，部分香港人喜歡飲外國的礦泉水，其實，東江和
珠江的水真的沒有可飲之處嗎？

外婆是在水鄉順德長大的。有好水，自然有好食材，有好食
材，自然有好的做法。小時候，大時大節，就會到外婆大兒子的
住宅吃飯。外婆作為工人，當然在廚房忙。媽媽總會偷幾粒剛炸
起的腰果給我吃。順德菜有沒有炸腰果我不知道，我只知道外婆
的長媳在未扔掉外婆拜的觀音和祖先之前，拜神要有新鮮雞，有
新鮮雞自然有雞雜，有雞雜自然有外婆的內孫最喜歡的炒粒粒。
媽媽說小時候家裡窮，是很少有雞食的。或許，現在澳門更窮，
再多的消費券，也買不到失去了的鮮宰活雞。

失去了就是失去了。年輕的外婆失去了丈夫，年老的外婆失
去了長子。而姨媽、媽媽、舅父，最終失去了母親。

孝思墳場的《二十四孝圖》猶在，只是不停褪色，翻新，褪
色，再翻新⋯⋯每年清明，無論是雨紛紛，或是熱騰騰，總有不

少孝子賢孫,從水陸空,回來,回來這個家,探望日夜思念的老人家!

在孝思墳場能否看到煙花匯演,我不知道。月暗星稀,除了飛車黨,偷情的鴛鴦蝴蝶也不會上這座山(他們上的是另一座山)。煙花散落,再璀璨再響亮也會歸於寧謐。煙花、炮仗、熟煙、香燭的氣味彷彿同出一轍,最終也會隨風飄散。

煙花的美,攝入了我們的腦海之間。當我們再次歸來,老一輩就會莞爾,眼前是黑白,回憶卻是彩色的。外婆在姨媽家中摺疊金元寶,準備明早去拜外公的畫面,再次高清修復重播了⋯⋯

2024 年貓眠寫的詞：

《卜算子》（住院誌感）

病痛本無常。點滴高高掛。
生死輪迴六道中。世事如棋罫。

子女淚長流。耳畔留情話。
好夢由來總是空。月落春花殺。

馮老先生讀大學時寫的小說：

《不是故事》

澳門有一個地方叫「爛鬼樓」，類似香港的嚤囉街，專賣一些古靈精怪的舊東西。

風眠走進了一間古色古香的老舖，舖內正播放任白的戲寶。他彷彿走進了歷史，眼前的一切都是前人的遺物。手帕一樣大的鈔票、陳年玻璃汽水瓶、徐速的《星星‧月亮‧太陽》......雜亂無章的放在地上、架上。要是有心人，自會來尋寶。然而，有心人愈來愈少，老人院卻愈來愈多。

店內的一切都沒有明碼實價。你找到了心頭好，就得去問酸枝椅上的老翁。老翁隨心所欲，說多少就是多少。曾經有一個不知好歹的老外用一口流利的普通話問老翁為甚麼不在貨品上標上價錢。「難道你年邁的母親生你的時候會在你的臀部刻上銀碼嗎？」失敬！老翁原來是位哲學家。

風眠漫不經心地東張西望，究竟他在找甚麼呢？他不知道。年輕人總是像江青一樣，我甚麼都不知道！眼前的一切，對風眠來說，都是新的。你有沒有記得曾經有一位老師在課堂上這樣跟你說：「重視歷史的民族才是有希望的民族，沒有歷史，就沒有現在，更沒有將來，所以我們要尊重歷史。」「沒有新的，就沒有所謂舊的，故此我們要活在當下！」這是風眠讀高中時的豪情壯語。他就是沒有汲取歷史的教訓，沒有讀過《太平御覽》，不明白「禍從口出」的道理，結果深深體會到老師的食古不化。如此不尊師重道，孺子不可教也，考試又焉能合格？

咕嚕咕嚕咕嚕......風眠聽到了一些奇怪的聲音。在他認知的世界，這種聲音從未出現。驀然回首，那老翁正在燈光闌珊處用一根大竹筒抽水煙。如果你已年近花甲甚至耄耋，你一定知道是怎樣的一回事。但為免年輕的讀者懵然不知，我嘗試加以描述吧：水煙筒長約三呎，裝煙絲的煙斗在竹筒中間，煙咀則在頂端，以

竹筒作為水箱。在吸吮時會發出咕嚕咕嚕的水聲，如天籟，煙一圈一圈的在氤氳，是音樂和視覺藝術的完美表現。

風眠全神貫注地望著老翁，彷彿發現了剛出土的兵馬俑，覺得鬼斧神工。說時遲那時快，老翁瞥了風眠一眼，電光火石之間，兩目交投，老翁內功深厚，風眠不敵，退了幾步，不慎被一件硬物絆倒。絆倒風眠的是一個原木顏色的樟木箱。因為碰撞，樟木箱打開了，裡面原來是一張⋯⋯

藏寶圖？你一定看金庸的小說，已看到走火入魔！晶片？我天生就沒有倪匡的才華！囍帖？我又沒有亦舒的浪漫！

是一張已發黃的菜單。

菜單是由毛筆寫的。如果沒有看錯，應該是行草，可謂鐵畫銀勾！風眠不懂書法，彎腰拾起菜單卻看得出神。

「金⋯⋯華⋯⋯玉⋯⋯這個是『樹』字嗎？」風眠在喃喃自語。「沒有錯！是金華玉樹雞。」「金華玉樹雞？」「小伙子別大驚小怪，你平日一定只懂吃炸雞和薯塊吧！」說罷，老翁哈哈大笑。

在同儕眼中，風眠堪稱老饕。要不然，他就不會跨海到澳門覓食。飲食男女，人之所欲。從古到今，有些基本的事情，例如人性人情，根本從未變化，變化的只是一些外在條件。六七十年代，有錢人家飲宴時會吃金華玉樹雞，現在會做這道菜的人已寥若晨星，變種而來的就是當紅炸子雞，或者我應該更正一下，嚴格來說，是當紅炸冰鮮雞。無論怎樣，人類畢竟是喜歡吃雞的。

「老伯，請問金華玉樹雞是怎樣的一道菜？」二十七歲的風眠比高中時謙厚得多。畢竟時間會令人成熟，變得世故，失去童真，最後，又返璞歸真⋯⋯

「我既不是佛，又怎會知道涅槃的境界？」老翁說話總是充滿禪機。風眠暗忖：「老頭子，別耍我吧！」「我有必要耍你嗎？」

接著，老翁語重心長地說：「語言文字只是一個概括，又豈能表達事物的全部？沒有經歷過，又怎能有真徹的感受？如果只是要知道事物的表面，你在電腦的鍵盤上按下幾個掣，不就一目了然嗎？」

風眠算是有點悟性，修正了剛才的說話，「老伯，請問哪裡可以吃到金華玉樹雞呢？」「這樣吧！今晚凌晨凌時凌分，海角遊魂，不見即散。」「海角遊魂是地方名嗎？在哪？」「要不要老子給你餵奶？」

十月初五街、龍環葡韻、海角遊魂......澳門的地方名真是大雅可觀，富詩情畫意，每條街道都彷彿有自家的故事。而香港的，特別是在一些新市鎮，則全無性格可言。

風眠聽過張良的故事，不想重蹈覆轍，所以十時左右，就從酒店乘計程車出發。車外，燈紅走綠，聲色犬馬，很難想像曾經有多少文人墨客落難於此。風眠莞爾，他在想如果郁達夫尚在人間一定興奮莫名。

人心不古，澳門的計程車司機總愛騙人，說甚麼海角遊魂，風景怡人，人約黃昏，滿是情人，浪漫醉人。風眠從不相信計程車司機介紹的食肆，但不曉是甚麼原因，今次卻有所期待。「老伯的葫蘆裡究竟賣甚麼藥呢？」下了車，風眠笑了，原來畢業後在人浮於事的社會裡打滾了數年，他仍渴望有桃花源。海角遊魂，冷冷清清的，夐不見人。那裡樹林蔽月，只有幾顆稀微的街燈，在婆娑的樹影之間，隱隱約約可以看到茫茫的大海和來來往往的船隻。那裡遠離凡塵，但決不是桃花源。

時間的快慢會隨你所處的空間和心情產生變化。在這個無人的角落，風眠彷彿等了一萬年。他摸摸自己的頭髮，「朝如青絲暮成雪」，真的那麼誇張？再仔細看看，原來是蜘蛛絲。

忽然，他嗅到了一種無法用語言文字表達的香氣。錢鍾書先生說的「通感」沒有錯，他心動了！他的雙腿受嗅覺控制，著了

魔一樣沿香氣走去。幸好，他的雙眼尚有點理智，看了看手錶，恰巧是凌晨凌時凌分。做抉擇往往是最煩惱的，因為它會影響歷史。人類不是機器。不知是好是壞，感性打敗了理智。風眠敵不過香氣的誘惑，隨心所欲去了。

如人生，兜兜轉轉，風眠到了水塘邊的一間小屋。小屋由鋅鐵搭成，沒有門。沒有門？你不用詫異。屋為甚麼要有門呢？「請問有人嗎？」「小伙子，進來吧！」是老翁的聲音。

甫進屋，風眠就發現枱面上有一碟美輪美奐的佳餚。我不必再故弄玄虛，沒有錯，是「金華玉樹雞」。一片火腿、一片冬菇、一片雞，重覆又重覆地交疊在一起，加上幾株菜心，濃淡適中的芡汁，就構成了一幅「春樹秋霜圖」。

廚房傳來了老翁的聲音：「『吃』是從『目』字部嗎？」風眠會心微笑。「那麼，我不客氣了。」「說我不客氣了不就客氣了嗎？」風眠隨即大快朵頤。或許是我的中文水平太低，我實在不懂得怎樣去描述風眠吃到的味道。現在我終於明白為甚麼電視台飲食節目的主持總是像口吃一樣只懂說好味好味。

風眠吃得津津有味，完全進入了一個忘我的境界。最後，碟上一切皆空。真奇怪！風眠連一點飽的感覺都沒有。吃，畢竟是種最原始的快樂。風眠感到無比舒暢。然而，快樂的時間總是短暫的。人類的欲望卻永無止境。看到碟上的「雪山白鳳凰」，風眠難免有點空虛寂寞。

記得黃霑先生有首歌叫《當我寂寞》。當你寂寞，你又會想起誰呢？風眠想起了母親。母親是最偉大的魔術師，她會把無數的動物屍骸和雜菜亂草變成色香味俱存的滿漢全席。母親一生沒有吃過甚麼好東西，好一點的都留給了風眠。風眠自懂事以來，有一個心願，就是將來好好待奉母親。可惜，歲月總愛跟人開玩笑。就在風眠大學畢業那一年，母親成為了歷史。

「風眠乖，不要哭。」風眠彷彿聽到了母親的聲音。他想乖，不再哭，但愈是抑制就愈難抑制，轉眼，他已哭成淚人。

「別娘娘腔！將來要哭的還有更多！」沒有錯，生老病死，悲歡離合，如果真的要哭，恐怕會成長江東逝水。老翁又捧了兩碟菜出來。一碟似蟹蓋又非蟹蓋，吃下去陣陣豬油香，肥而不膩。後來，風眠在網上找資料，知道這道菜叫「金錢蟹盒」。另一道菜叫「霸王鴨」或「八寶鴨」，是極考功夫的一道菜。鴨裡頭釀滿蓮子、白果、薏米、栗子、冬菇、陳皮、瑤柱、咸蛋黃等，之後又燒又扣，要弄好幾個小時。吃下去，鴨肉嫩滑，裡頭的乾坤更是滋味無窮。

風眠在想：「如果有酒就好了。」風眠想的是紅酒。老翁拿來的卻是米酒。「老伯，我們一起吃吧。一個人吃，沒趣啊！」老伯拿了兩個大碗，就與風眠對飲起來。米酒甜甜的，十分好喝。他覺得用碗喝酒，非常有趣。對面的老頭那麼好客，是宋江嗎？酒過三巡，風眠知道老翁叫常伯，當過兵，是國民黨員。老人家難免會緬懷過去，風眠彷彿聽了一夜百年中國史。

天下無不散之筵席。天開始光，小鳥又再歌唱祖國。常伯說要晨運去。風眠飲飽食醉，連連說「謝謝」後，打算回酒店睡一睡。他跟常伯步出小屋，剎那，常伯已不知所蹤。風眠以為自己有點醉。

風眠沿小路一直走，別說是計程車，一輛汽車都沒有。在澳門，走路是最方便的，甚麼地方都可以到。不知走了多久，他彷彿走進了一個市集。人們的衣著很古怪，似吳楚帆的年代。他看到了一群一群的過江之鯽拿著一蘿一蘿的蟹。「泰山號到了沒有？」一個女人對一個男人說。

風眠小時候看過《幻海奇情》。他開始胡思亂想。他拍拍自己的頭顱，仍會痛。他深呼吸，知道自己仍活著。風眠堅信自己有點醉。接下來的感覺，令風眠更肯定自己的存在。

他肚子痛！

大概是因為貪吃，風眠的肚子開始三反五反，進行階級鬥爭。左顧右盼，哪裡可以找到廁所呢？要知道中國人的社會食肆多，廁所卻少得可憐。不知是幸運還是不幸，澳門曾受葡國政府統治，廁所可以用眼找出，而不是用鼻子。

好不容易，風眠看到了一個相信是廁所的地方。他匆匆跑入廁所，豈料廁格裡全是人。「第三場，三號，獨贏，三千⋯⋯」從裡頭傳來的聲音，你可以知道他們拉屎時並不專心。我甚至懷疑有人佔著屎坑不拉屎。中國人就是這樣，特別喜歡在廁所裡辦自己的事。

風眠實在按捺不住了，一邊揪著褲襠，一邊敲打廁門。「先生，請快一點，我很肚痛。」雖然非常尷尬，但風眠真的已忍無可忍。那時候，冷汗已濕透了風眠的內褲，他變成了一隻濕漉漉的刺蝟，不斷在顫抖。

痛苦的時間過得特別慢，彷彿已過了十年。風眠才聽到了沖水的聲音，那簡直是仙樂。大「痔」(智) 若愚的菩薩，吐著祥雲，徐徐步出。風眠高興極了，立刻飛奔入內，閉關自守，以求早登極樂。

到了這個最私人的公家地方，風眠終於可以真正地大鳴大放。為了慶祝中國這幾十年內的穩定發展，他一連放了幾串大炮仗。劈里啪啦劈里啪啦，剎那間，火藥的味道已充斥著整個廁所。

「無邊落木蕭蕭下，不盡長江滾滾來。」經過一輪大解放，屎坑裡已經有無數的屎屎尿尿。屎跟人一樣有軟有硬，當中有兩條屎特別臭特別硬，一條像雞，一條像蕉。直覺告訴我，這與風眠今晚吃的金華玉樹雞應該有多少特殊關係。

「雞」與「蕉」之間有一條鴻溝，它是泥黃色的。「雞」與「蕉」屬同一聲母 (j)，可說是同聲同氣，本應相親相愛，但不

曉是甚麼原因，它們居然用同一種語言互相唾罵，你話我醜，我罵你臭，吵過你死我活，猶如兩兄弟因意見不合互相「問候」對方老母一樣，既可笑又可悲。本是同根生，相煎何太急呢？

風眠不忍再看下去。草草了事後，就重新站起來，拉下那沉重的水掣，把一切不愉快的都沖出茫茫大海。如果將來有一部機器可以選擇性地刪改記憶，你會這樣做嗎？

步出了廁所，風眠愣了。眼前的不再是市集而是一張張白色的床，床上有老有嫩。地彷彿在搖晃。風眠難以相信自己會醉到如斯境界，難道老伯的餸菜下了迷幻藥？沒有可能，風眠很清楚自己是非常清醒的。在完全陌生的環境，有誰不會慌張。

「請問這裡是甚麼地方？」

一位穿著小鳳仙裝，貌似甄珍的少女笑著說：「先生，你的衣著很古怪，想不到說話更古怪，這裡不就是泰山號嗎？」

風眠萬萬想不到自己會成為科幻小說的主角。為了不比原振俠、衛斯理遜色，風眠裝作鎮定，若無其事地散步去。他看到了一座座有棍的老虎機。人們玩得興高采烈。究竟新式的還是舊式的老虎機較好玩呢？風眠是新派人，覺得按鈕的比較有趣，因為電子螢幕十分精美，而且裡頭有很多小遊戲。而我就喜歡拉棍的快感。

正當我在躊躇小說怎樣發展的時候，風眠對一個蹲在角落，穿著唐裝的中年男人感到興趣。他慢慢走過去，畫面愈來愈清晰，男人拿著毛筆，在蘸墨。一撇，一捺......轉眼，雪白的紙上浮出一個「金」字。金......華......玉......風眠差點叫了出來，不就是那張菜單嗎？

謎底將要解開。未想到自己應該怎樣，風眠打算衝上去。突然，有一隻很粗糙的手在風眠的肩膀上拍了一下。驀然回首，是常伯。再轉身，男人、毛筆、菜單都不見了。

「小伙子，玩一手老虎機吧，答案就在這裡。」常伯給了風眠一串銅錢。

「只有瘋子才會用銅錢玩老虎機啊！」風眠笑著說。

「不嘗試又怎知？」常伯的說話總是充滿智慧。沒有第一個人敢吃雞，世人又怎會知道雞的美味。

況且，在這種情況，有甚麼不可能？

玩就玩吧，反正沒有甚麼可以輸！一拉，不中！再拉，落空！

最後，只剩下一個銅錢。「祝好運！」常伯笑得非常詭異。

像拉廁所水掣一樣，風眠出盡奶力，一拉，中了！是巨獎！一聲巨響，一股強光，風眠的眼簾像閉幕一樣，眼前一黑，就昏倒了。

迷迷糊糊之間，風眠看到了母親。他追上去，媽媽的身影愈飄愈遠。突然，他被一件硬物絆倒。絆倒風眠的是一個原木顏色的樟木箱。因為碰撞，樟木箱打開了，裡面是一張菜單。風眠彎腰拾起菜單，回個神，抬頭一看，有一個老翁坐在酸枝椅上睡著了。

他沒有去求真。因為經驗告訴他，人愈接近真相，愈是痛苦。活在當下，就是了。

回到香港，風眠仍十分懷念金華玉樹雞的味道。暫時世界上仍沒有一部機器可以為我們保存嗅覺和味覺的回憶，或者有，但我不知道。風眠找了很多食肆，吃了很多所謂的金華玉樹雞，有些甚至是用甘筍、西洋火腿做的，完全不是味兒。往事只能回味，在香港，風眠找不到半隻像話的金華玉樹雞，或者有，但他不知道。

馮老先生讀大學時寫的詩：

《羅浮一夢》

點點紅梅花影移
東風吹破綠楊枝
暗香浮動襄王醉
雲雨逍遙神女癡
綺蝶迷離原是夢
孤燈明滅本無詩
春來冬去相終始
緣起情牽枕畔絲

馮老先生讀大學時寫的詞：

《西江月》（看梁祝恨史有感）

別恨離愁脈脈。長亭淒雨泠泠。
相看執手兩吞聲。蝴蝶迷離未定。

三載雌雄錯認。一雙鶼鰈難成。
由來月老總無情。聚散匆匆苦命。

書　　　　名	我的煉金術之旅
作　　　　者	貓眠
出　　　　版	超媒體出版有限公司
地　　　　址	荃灣柴灣角街 34-36 號萬達來工業中心 21 樓 2 室
出版計劃查詢	(852)3596 4296
電　　　　郵	info@easy-publish.org
網　　　　址	http://www.easy-publish.org
香 港 總 經 銷	聯合新零售 (香港) 有限公司
出 版 日 期	2024 年 6 月
圖 書 分 類	流行讀物
國 際 書 號	978-988-8839-97-1
定　　　　價	HK$88